BEI GRIN MACHT SICH IHR WISSEN BEZAHLT

Strategischer Wandel bei der Gesundheits- und Medizintechnik AG

Noah Gerkmann Miralpeix

GRIN

Bibliografische Information der Deutschen Nationalbibliothek:

Die Deutsche Nationalbibliothek verzeichnet diese Publikation in der Deutschen Nationalbibliografie; detaillierte bibliografische Daten sind im Internet über http://dnb.d-nb.de abrufbar.

ISBN: 9783346438003
Dieses Buch ist auch als E-Book erhältlich.

© GRIN Publishing GmbH
Nymphenburger Straße 86
80636 München

Druck und Bindung: Books on Demand GmbH, Norderstedt Germany
Gedruckt auf säurefreiem Papier aus verantwortungsvollen Quellen

Das Buch bei GRIN: https://www.grin.com/document/1030452

Deutsche Hochschule für

Prävention und Gesundheitsmanagement

Hermann Neuberger Sportschule 3

66123 Saarbrücken

Einsendeaufgabe

Fachmodul: Strategisches Management 2

Studiengang: MBA Sport-/Gesundheitsmanagement

Datum

Präsenzphase   **23.11.20 bis 26.11.20**

Name, Vorname: Gerkmann Miralpeix, Noah

Inhaltsverzeichnis

.

1 Bodo Müllers Plan

1.1 Gründe für den Wandel

Um die Gründe für Bodo Müllers Plan darzustellen, muss die Gesamtsituation auf dem Markt der deutschen Gesundheitsindustrie betrachtet werden. Deutschland nimmt zwar den dritten Platz auf dem Weltmarkt für medizinische Geräte ein, verzeichnet jedoch geringe Wachstumszahlen. Dies hat drei wesentliche Gründe.

Grundsätzlich gibt es die allgemein geteilte politische Meinung, keine weiteren ausgaben im Gesundheitssektor zu verursachen. Gründe für diese Meinung sind das bereits hohe Ausgabenniveau, das niedrige BIP-Wachstum und das geringe Bevölkerungswachstum.

Des Weiteren wird in Krankenhäusern eher versucht, alte Geräte instand zu halten, als in neue Geräte zu investieren. Dieses Verhalten ist auf die niedrige staatliche Finanzierung zurückzuführen.

Ein weiterer Grund für Müllers Plan ist die Verlagerung des Kaufverhaltens in Krankenhäusern. Früher entschied der leitende Arzt, ob und welche Geräte angeschafft werden sollten. Heute obliegt es der Krankenhausadministration und dem Management, ob es zu neuen Investitionen kommt. Dadurch wird die Entscheidung anhand ökonomischer Gesichtspunkte getroffen und weniger nach dem tatsächlichen Nutzen.

1.2 Aspekte des Strategiewandels

Aufgrund des bereits beschriebenen Wandels in der Medizintechnikindustrie sieht Bodo Müller hinsichtlich der Positionierung des Unternehmens am Markt Handlungsbedarf. Insgesamt soll sich vor diesem Hintergrund die Marketingstrategie verändern. Diese sollte sich mehr an den Bedürfnissen des C-Levels, bestehend aus Geschäftsführer, Bereichsleiter, CEO, FCO und CIO und weniger an den von Krankenhausärzten orientieren.

Ein Aspekt für diesen Wandel ist das veränderte Kaufverhalten der Krankenhäuser. Da bei ihnen nicht mehr die Ärzte entscheiden, ob Produkte gekauft werden, ist es wichtig, dieses Verhalten zu berücksichtigen. Es muss im Verkauf mehr auf das C-Level eingegangen werden.

Des Weiteren müssen die eigenen Produkte verändert werden, um die Effizienz in Krankenhäusern zu optimieren. Zusätzlich zu den bisherigen Produkten sollen Dienst- und Serviceleistungen verkauft werden.

Ein dritter Aspekt in dem Wandel von Müller sieht vor, das Budget zu verändern. Da das C-Level-Marketing nicht für alle sieben Unternehmenseinheiten möglich ist, soll es hierfür eine allgemeine Lösung geben. Dafür sollen alle Vizepräsidenten einen Teil ihres Marketingbudgets dem C-Level-Marketing beisteuern, um eine Finanzierung zu gewährleisten.

1.3 Barrieren und Widerstände

Nach Baum et al. Gibt es vier mögliche Kategorien von Barrieren bei der Implementierung einer Strategie (2007, S. 362). Diese sind die Visions-Barriere, die menschliche Barriere, die Ressource-Barriere und die Managment-Barriere. Bei der Visions-Barriere verstehen lediglich fünf Prozent der Mitarbeiter die Unternehmensstrategie, bei der menschlichen Barriere fehlen finanzielle Anreize, bei Ressource-Barriere wird das Budget nicht zu Implementierung der Strategie eingesetzt und bei Management-Barriere wenden Führungskräfte zu wenig Zeit für die Diskussion einer Strategie auf. Im Folgenden werden diese Kategorien auf den Fall der Medizintechnik AG übertragen.

In der Kategorie Visions-Barriere konnte Bodo Müller seine Vision nicht an die Mitarbeiter der Medizintechnik AG übermitteln. Er argumentierte rational und schaffte den Mitarbeitern und Führungskräften keinen emotionalen Grund für einen Wandel. Es herrscht der Eindruck, als sei die Arbeitsweise in der Hinsicht wenig kooperativ und unter Einbezug der Arbeitskollegen.

Bei der menschlichen Barriere bietet die neue Strategie von Bodo Müller keine finanziellen Anreize für die Mitarbeiter und Führungskräfte. Da die Medizintechnik AG bereits steigende Umsatzzahlen verzeichnet und über eine Umsatzrentabilität von acht Prozent verfügt, besteht rein monetär gesehen kein Grund zur Änderung. Des Weiteren werden die Mitarbeiter bereits an den Jahresgewinnen beteiligt und 70 Prozent besitzen Aktien des Unternehmens.

Eine weitere Barriere in der Kategorie Ressource stellt die mangelnde Bereitschaft für Investitionen dar. Die Vizepräsidenten der verschiedenen Bereiche sind nicht bereit, Budget für die Implementierung der Strategie zur Verfügung zu stellen. Es herrscht Ablehnung.

Diese Ablehnung geht so weit, dass sich außerdem keine Zeit genommen wird, um diese Idee zu diskutieren. Das Management nimmt weder zu Genüge an Kick-off-Veranstaltungen teil, noch sind die erschienen Teilnehmer gerne in Meetings mit der Thematik. Es gilt der Tenor, dass andere Themen wichtiger sind als die Strategie Müllers. Dies stellt eine Barriere im Bereich des Managements dar.

2 Change Management

2.1 Gründe für Scheitern

Insgesamt ist Bodo Müllers Wandel gescheitert. Der mangelnde Erfolg der Idee Müllers kann auf mehrere Gründe zurückgeführt werden. Im Folgenden wird anhand des 8-Stufen-Modells von Kotter auf die Gründe für ein Scheitern eingegangen. Das 8-Stufen-Modell von Kotter stellen acht Schritte für einen erfolgreichen Wandel dar (Reisinger et al., 2013, S. 190).

Ein Grund für mangelnde Umsetzung der Idee Müllers war die mangelnde Zustimmung der Führungskräfte. Diese konnten nicht überzeugt werden, sich für den neuen Plan einzusetzen. Dies sieht man der mangelnden Präsenz im Kick-off-Meeting und dem Gefühl derer, die erschienen sind, nur ungern dabei gewesen zu sein. Das Fehlen einer ausreichenden Führungskoalition stellt Stufe 2 im Modell nach Kotter dar (Reisinger et al., 2013, S. 190).

Des Weiteren war es Bodo Müller nicht möglich, die Führungskräfte auf emotionaler Ebene zu überzeugen. Er präsentierte stets Fakten, die seine Thesen untermauerten, jedoch mangelte es an einer ausgearbeiteten Vision. Diese Kraft der Vision hat Müller außer acht gelassen. Dies stellt die dritte Stufe im Modell nach Kotter dar (Reisinger et al., 2013, S. 190).

Außerdem fehlte es Müller an einer konkreten Strategie zur Implementierung des Wandels im Unternehmen. Es gab zwar einer Arbeitsgruppe für die Thematik, da aber keine strategische Planung für die zu erledigende Arbeit erfolgte, konnten auch keine Fortschritte verzeichnet werden. Damit hat Müller die sechste Stufe nach Kotter nicht erfüllen können und keine schnellen Erfolge verzeichnet (Reisinger et al., 2013, S. 190).

Darüber hinaus erklärte sich Bodo Müller trotz Ablehnung für ein Budget den Sieg, indem er davon ausging, dass die Vizepräsidenten die Idee verstanden und zur Kenntnis genommen hatten. Dadurch ließe er nach und förderte nicht das Vorankommen in dieser Angelegenheit. Somit scheiterte Müller auch an der siebten Stufe nach Kotter (Reisinger et al., 2013, S. 190).

2.2 Veränderungen meistern

Da Bodo Müller mit seiner Idee gescheitert ist, stellt sich nun die Frage, was er hätte tun können, um die Implementierung der Veränderung voranzubringen. Im Anklang dazu wurden neben den 8-Stufen-Modell nach Kotter auch die 8-Beschleuniger nach Kotter entwickelt. Diese beiden Konzepte sollen den Strategieprozess gegenseitig ergänzen. Die acht Stufen stellen dabei die Hierarchie und die acht Beschleuniger die mit Leben gefüllten Strategien dar (Kotter, 2015, S. 83-84). Im Folgenden wird in Bezug auf die acht Beschleuniger erläutert, wie Bodo Müller seinen angestrebten Wandel hätte etablieren können.

Zunächst hätte Müller das Gefühl der Dringlichkeit bei allen Beteiligten wecken müssen. Dadurch kann ein erheblicher Wettbewerbsvorteil ausgelöst werden und es könnte sich eine Freiwilligenarmee bilden (Kotter, 2015, S. 89). Bodo Müller hätte dies erreichen können, indem er schon beim ersten Meeting zu der Thematik mehr Menschen erreicht und für sich gewinnt. Es hätte also sichergestellt werden müssen, dass viele Personen im Unternehmen kommen und gleichzeitig auf eine emotionale Art und Weise von der Idee überzeugt werden.

Nachdem Müller nach einem erfolgreichen ersten Meeting Freiwillige gefunden hat, die hinter seiner Idee stehen, sollte er darauf achten, Vertreter aus jeder Abteilung und Hierarchiestufe vorhanden sind. Durch ein Mischverhältnis in der Koalition können Informationen besser verarbeitet und aufgenommen werden. Alle Mitwirkenden sollten trotz unterschiedlicher Stufen in der Hierarchie gleichberechtigt sein, damit die Übermittlung der Informationen nicht gestört wird (Kotter, 2015, S. 89). Bodo Müller hätte also ein Team nach diesen Leitlinien formen und dem Thema Leistungsteams eine Priorität geben müssen.

Des Weiteren hätte Bodo Müller eine kurze, präzise Vision mit seinem Team erstellen müssen. Mit Einwirkung des entstandenen Leistungsteams hätte man eine Vision schaffen können, mit der sich die Mitarbeiter identifizieren. Diese hätte man dann bei der Führungsebene vorlegen können. Stattdessen gibt Bodo Müller alle Leitlinien seinem Team bei der Medizintechnik AG vor.

Hätte Bodo Müller eine Vision mit seinem Team zusammen geschaffen und diese ausdrücklich und ehrlich im Management rübergebracht, wäre diese schnell verbreitet worden. Dies hätte eine größere Motivation bei allen Beteiligten erzeugt (Kotter, 2015, S. 90).

Außerdem spielt die rasche Beseitigung von Problemen eine wichtige Rolle. Bodo Müller hätte innerhalb seines Teams Strukturen schaffen müssen, um Probleme schnell und effektiv angehen zu können.

Darüber hinaus hätte Bodo Müller Teilziele für sein Team entwickeln müssen, anstatt nach drei Monaten ein komplett zufrieden stellendes Ergebnis zu erwarten. Da Menschen ungeduldig sind, braucht es kleinere Tages- und Wochenziele, die auch dem entsprechend zelebriert werden. Dies führt zu einer Motivation der Mitarbeiter. Falls keine Erfolge erzielt werden, könnte etwas im Team nicht stimmen (Kotter, 2015, S. 91).

Das ständige Weiterarbeiteten ist ebenfalls von Bedeutung. Bodo Müller war sich hingegen stets sicher, dass die Idee von ihm anklang findet. Stattdessen hätte er weiter an seinem Team und der Idee basteln müssen.

Abschließend muss die Idee von Müller in dem Unternehmensalltag integriert werden (Kotter, 2015, S. 91). Dies kann jedoch nur erfolgen, wenn die vorherigen Schritte bereits erfolgt sind und die nötigen Ressourcen vom Management bereitgestellt werden, um die Idee in der Praxis anwenden zu können.

3 Strategieimplementierung

3.1 Durchsetzung

Bei der Phase der Durchsetzung geht es um verhaltensbezogene Aufgaben. Es geht um Themen wie Konsensbildung, strategisches Verhalten, Kommunikation sowie Führungs- und Implementierungsstil (Raps, 2004, S. 46). Insgesamt ist das Ziel, die Akzeptanz der Mitarbeiter für sich zu gewinnen. Es sollen Verhaltenswiderstände abgewendet und Akzeptanz vermittelt werden (Welge & Al-Laham, 2012a, S. 807). Die Durchsetzung besteht aus drei Maßnahmen. Diese sind die Vermittlung der Strategie, die Einweisung und Schulung und die Schaffung eines strategiebezogenen Konsens (Welge & Al-Laham, 2012a, S. 807-809). Im Folgenden werden drei Maßnahmen vorgestellt, die Bodo Müller hätte einleiten können.

Bei der Vermittlung der Strategie ist es wichtig, dass Verständnis der Mitarbeiter für sich zu gewinnen, da nicht das Top-Management allein eine Strategie implementieren kann (Kaplan et al., 2001). Bodo Müller hätte dies erreichen können, indem er versucht, seine Vision an die Mitarbeiter weiterzugeben. Dadurch würden die Mitarbeiter verstehen, warum diese Strategie implementiert werden soll. Das führt dann zu einer größeren Motivation.

Des Weiteren generiert Bodo Müller durch die Erweiterung des Produktsortiments und weiteren Zusatzleistungen wie beispielsweise Reparaturen und Service, einen erhöhten Schulungsbedarf. Die Mitarbeiter müssen im Umgang mit Kunden im Service besonders geschult werden, um den Kunden ein hohes Maß an Qualität zu bieten. Die Medizintechnik AG verfolgt eine Differenzierungsstrategie, wodurch der Aufbau von Know-how im Bereich Produktinnovation imm Fokus stehen sollte (Welge & Al-Laham, 2012a, S. 808).

Ein weiterer wichtiger Punkt ist die Schaffung eines gemeinsamen Konsens. Während der Strategieimplementierung können Konflikte auftreten, die es zu beseitigen gilt (Welge & Al-Laham, 2012a, S. 809). Um der Entstehung solcher Konflikte vorzubeugen, ist es nötig, dass Bodo Müller auch hier die Notwendigkeit der Strategie teilt. Wenn er den Mitarbeitern klar kommuniziert, warum die Strategie von Vorteil ist, können ihm die Mitarbeiter besser folgen und es kommt seltener zu Konflikten.

3.2 Umsetzung

Die Phase der Umsetzung dient der Erledigung sachbezogener Aufgaben. Diese sind die strategiebezogene Ausrichtung der Erfolgsfaktoren, die Spezifikation der Strategien und die Formulierung von Maßnahmenprogrammen (Corsten & Corsten, 2012, S. 209). Insgesamt wird das Ziel verfolgt, nach gewonnener Akzeptanz der Mitarbeiter in der Phase der Durchsetzung die Strategie reibungslos zu implementieren. Dabei müssen drei wesentliche Aufgaben erfüllt werden. Diese sind die Transformation, die Anpassung der Unternehmenspotenziale und die Motivierung (Bamberger & Wrona, 2012, S. 476). Im Folgenden werden die Erfüllung dieser drei Aufgaben auf den Fall Bodo Müllers bezogen.

Bei der Transformation ist die der Plan in konkrete Aktionen zu überführen und Teilziele sind abzustecken. Diese werden nach dem Prinzip Inhalt, Ausmaß und Zeit definiert (Haake & Seiler, 2012, S. 129-138). Für diesen Teil muss das Team um Bodo Müller

Geduld vorweisen, genügend Zeit einplanen und mehrere Personen integrieren. Im Fall der Medizintechnik AG hätte Bodo Müller nach dem Erstellen einer Vision einen klaren Plan entwickeln müssen, wie die Idee umgesetzt werden könnte. Ein Beispiel wäre das Erstellen eines Rahmenkonzepts zum Thema Umfang der neuen Serviceleistungen in drei Wochen.

Die Anpassung der Unternehmenspotenziale meint die Ausgestaltung der Organisationsstruktur, der Unternehmenskultur, der Managementsysteme (Kreikebaum, Gilbert & Behnam, 2011, S. 165-173) und dem Verändern der Menschen (Venzin et al., 2010, S. 223-227). Geht man im Fall der Medizintechnik AG auf das Potenzial der Mitarbeiter ein, bietet es sich an, für das Team und die zukünftigen Aufgaben Anforderungsprofile zu erstellen. Auf diese Weise könnte Bodo Müller einen Soll-Ist-Vergleich durchführen. Dies gilt gleichermaßen für die künftigen Führungskräfte der Strategie.

Im letzten Schritt der Umsetzung muss sich um die Motivierung der Mitarbeiter gekümmert werden, da es durchaus im Laufe des Prozesses zu Hängern kommen kann. Diese Motivation kann durch ausgesetzte Belohnungen für die Zielerreichung erreicht werden. Bodo Müller könnte ein Team beispielsweise mit einem Tagesausflug oder einem Abend im Restaurant belohnen.

4 Balanced Scorecard

4.1 Ursache-Wirkungskette

Die Balanced Scorecard ist ein Managementsystem, dass nicht nur monetäre, sondern auch nicht-monetäre Größen berücksichtigt (Bamberger & Wrona, 2012, S. 382). Es soll dabei ein Handlungsrahmen für verschiedene Managementprozesse bilden, wie die Setzung von Zielen, die Kommunikation und Umsetzung von Strategien, die Planung und Budgetierung, die Gestaltung von Anreizsystemen oder die Kontrolle" (Bamberger & Wrona). Die Basis der Balanced Scorecard bildet hierfür die Unternehmensvision (Müller-Stewens & Lechner, 2011, S. 598). Um diese zu realisieren, wird im Allgemeinen vor allem mit den Bereichen Lern- und Entwicklungsperspektive, interne Prozessperspektive, Kundenperspektive und Finanzperspektive gearbeitet (Kaplan et al., 2001, S. 22). Im Folgenden wird im Rahmen einer Balanced Scorecard eine Ursache-Wirkungskette tabellarisch dargestellt. Es wurde zusätzlich der Bereich Wachstumsperspektive betrachtet, da dies ein Teil der Unternehmensvision der Medizintechnik AG darstellt.

Tabelle 1: Ursache-Wirkungs-Kette der Medizintechnik AG (eigene Darstellung)

Bereich	Ursachen und Wirkungen			
Wachstum	Höherer Anteil am deutschen Markt	Größere Marktdurchdringung	Langfristige Qualitätsführerschaft	
Finanzen	Höhere Rentabilität	Mehr Crossselling	Mehr Umsatz durch Dienstleistungen	
Kunden	Höhere Kundentreue	Höhere Kundenzufriedenheit	Höheres Preis-Leistungsverhältnis	
Interne Prozesse	Höhere Betreuungsqualität	Höherer Kundenfokus	Höhere Motivation der Mitarbeiter	Größeres Angebot an Service- und Dienstleistungen
Lernen und Entwicklung	Mehr Personalschulungen durchführen	Mehr Informationen über Kunden sammeln	Anreizsysteme für Mitarbeiter schaffen	

In der Tabelle kann man erkennen, dass in der Lern- und Entwicklungsperspektive mehr Personalschulungen durchgeführt werden, mehr Kundeninformationen gesammelt und Anreizsysteme für Mitarbeiter geschaffen werden. All diese Bausteine führen im Rahmen der internen Prozessperspektive zu einer höheren Betreuungsqualität für die Kunden. Gleichzeitig wird ein höherer Kundenfokus erreicht und es können mehr Service- und Dienstleistungen angeboten werden. Das Anreizsystem für die Mitarbeiter sorgt außerdem für eine höhere Motivation der Mitarbeiter. Dies beeinflusst kausal die Kundenperspektive. Durch das gesteigerte Preis-Leistungs-Verhältnis wird eine höhere Kundentreue und -zufriedenheit erreicht. Daraus resultiert wiederum eine höhere Rentabilität, ein gesteigertes Cross-Selling und mehr Umsatz durch die neuen Service- und Dienstleistungen. Die gesteigerte Rentabilität des Unternehmens sorgt in der Folge für ein Potenzial für einen höheren Anteil am deutschen Markt, eine größere Marktdurchdringung und eine langfristige Qualitätsführerschaft.

4.2 Festlegung Ziele, Kennzahlen, Vorgaben und Maßnahmen

Auf Basis der Ursache-Wirkungs-Kette wird in einem nächsten Schritt für jede Perspektive ein strategisches Ziel, eine passende Kennzahl, eine zu der Kennzahl passende Vorgabe und eine Maßnahme abgeleitet. Die die Zielkonkretisierung gilt als Schlüsselprozess beim Erstellen der Balanced Scorecard (Welge & Al-Laham, 2012b, S. 834). Im Folgende wird dies tabellarisch dargestellt.

Tabelle 2: Zielkonkretisierung auf Basis der Ursachen-Wirkungs-Kette (eigene Darstellung)

Perspektive	Ziel	Kennzahl	Zielwert	Maßnahme
Wachstum	Der Anbieter soll einen größeren Marktanteil in Deutschland erreichen	Marktanteil in Prozent	Der Markanteil soll in drei Jahren von 30% auf 35% steigen	-Umsätze steigern -Weiterempfehlungsquote steigern -Fluktuationsquote senken
Finanzen	Der Anbieter soll die größten Umsätze in der Branche erzielen	Umsatzrentabilität in Prozent	Die Umsatzrentabilität soll im nächsten Jahr eine Umsatzrentabilität von mindestens 12 Prozent erzielen	-Höhere Kundenzufriedenheit -Höhere Kundentreue -Mehr Neukunden
Kunden	Der Anbieter soll Führer im Bereich Servicequalität gelten	Kundezufriedenheit in Prozent	Die Kundenzufriedenheit soll bei min. 85% in den nächsten 6 Monaten stehen	-Das Personal soll entsprechend geschult werden -Kundenbefragung zur Zufriedenheit -Entwicklung des Beschwerdemanagements
Interne Prozesse	Der Anbieter soll über hervorragend motivierte Mitarbeiter verfügen	Motivation der Mitarbeiter in Prozent	Im nächsten Jahr sollen mindestens 60 % der Mitarbeiter motiviert sein	-Befragung der Mitarbeiter -Anreizsysteme für Mitarbeiter -Seminare zur Personalentwicklung
Lernen und Entwicklung	Der Anbieter will die am besten qualifiziertesten Mitarbeiter der Branche haben	Hohes Maß an Fachwissen	Fachwissen gemessen an Fachtests. Keiner schlechter als Note drei in zwölf Monaten	-Persönlichkeitsentwicklungs- und Coachingangebote -Schulungen der Mitarbeiter -Geeignete Führungskräfte für diese Entwicklung

5   Unternehmensethik

Ethik meint die Wissenschaft des moralischen Handeln. Wenn von Ethik im wirtschaftlichen Kontext die Rede ist, geht es darum wie Menschen im Wirtschaftsleben miteinander umgehen und warum (Clausen, 2009, S. 26). Die Unternehmensethik ist im wirtschaftlichen Kontext zwischen der Makro- und Mikroebene in der Mesoebene anzusiedeln. Der Begriff meint den betriebswirtschaftlichen Umgang mit Moral und Ethik (Müller-Stewens & Lechner, 2011, S. 241). Im folgenden Praxisbeispiel wird beispielhaft am Unternehmen Volkswagen aufgezeigt wie ein Unternehmen einen Bruch der eigenen Werte begeht und somit gegen die eigene Unternehmensethik verstößt.

5.1 Praxisbeispiel

Im Jahr 2005 entschied sich Volkswagen, ein eigenes Abgasreinigungssystem zu entwickeln, nachdem geplant war, Rechte an solchen Systemen bei Daimler und Blue Tec zu erwerben (Bild GmbH, 2015). Mit dem Modelljahr 2009 und der neuen Speichereinspritzung Common Rail, welche ein verbessertes Geräusch- und Abgasverhalten bei gleichzeitig reduziertem Kraftstoffverbrauch versprach, wurden auch neue Dieselpartikelfilter eingesetzt. Durch die Neuerungen wurde der neue Motor als sauber beworben (Reif, 2014, S. 93). Tatsächlich stimmte dies aber nicht. Der Konzern schaffte es nicht, niedrigen Verbrauch mit den vorgeschriebenen Stickoxidemmissionen zu verbinden. Deswegen entschied Volkswagen 2006 das Steuergerät so zu programmieren, dass bei einem erkannten Abgastest in einem Modus mit niedrigem Stickoxidausstoß geschaltet wird. Damit hatte das Unternehmen eine Abschalteinrichtung installiert, die bewusst die Kunden täuschte. Erst wollte der Konzern den Betrug nicht zugeben. Erst als Behörden in den USA drohten manchen Modellen die Zulassung zu entziehen, gab Volkswagen am dritten September 2015 den Betrug zu (Der Spiegel GmbH & Co. KG, 2015).

5.2 Unternehmenswerte

Volkswagen hat sieben Konzerngrundsätze, die das Wertefundament des Unternehmens bilden. Diese sind Verantwortung, Aufrichtigkeit, Mut, Vielfalt, Stolz, Zusammenhalt und Zuverlässigkeit (Volkswagen AG, 2020).

Beim Thema Verantwortung sieht der Konzern sich als Teil der Gesellschaft, der soziale Verantwortung übernimmt. Es werden auf die Umweltverträglichkeit der Produkte und Prozesse geachtet und diese verbessert. Aufrichtigkeit interpretiert der Konzern als das Richtige aus Überzeugung zu tun. Dies tut er auch wenn niemand hinsieht. Jedem soll zugehört werden unabhängig der Hierarchien. Den Wert Mut assoziiert Volkswagen mit Innovation, Erfindungsreichtum und einem Drang zum Machen. Es wird nicht in alten Strukturen verharrt, sondern es werden neue Wege gegangen. Volkswagen will die Mobilität von morgen gestalten. Durch den Wert Vielfalt stellt sich das Unternehmen als offen, bunt und unterschiedlich dar. Man ist offen für neue Denkweisen und es wird sich mit Respekt begegnet. Des Weiteren ist Volkswagen stolz auf die Ergebnisse der Arbeit. Es steht für Qualität und nachhaltige Produkte. Zusammenhalt zeigt sich in dem Zusammenhalt im Unternehmen. Das Wir steht im Vordergrund. Man steht füreinander ein und agiert als Team. Außerdem hält Volkswagen zuverlässig sein Wort ein. Alle Versprechen und Werte werden eingehalten. Dies tut Volkswagen aufrichtig und ehrlich (Volkswagen AG, 2020).

5.3 Wertebruch

Mit dem Skandal aus dem Jahr 2015 des Automobilkonzerns wurde in den Medien eine große Schlagzeile erreicht. Noch heute im Jahr 2020 spricht man über diesen Skandal mit hoher Reichweite. Blickt man nun auf die Werte, die Volkswagen vorleben möchte, wird einem schnell klar, dass sich es hierbei um einen Wertebruch auf ganzer Ebene handelt.

Beim Thema Verantwortung ist von sozialer Verantwortung und Umweltverträglichkeit die Rede. Diesen Wert hat Volkswagen auf ganzer Ebene gebrochen. Da Volkswagen nachweislich einen Betrug am Kunden begangen hat, kann der Konzern gar nicht mit sozialer Verantwortung vorangehen. Außerdem ist bei manipulierten Abgaswerten die Umweltverträglichkeit infrage zu stellen.

Schaut man sich den Wert Aufrichtigkeit an, erscheint einem dieser Wert scheinheilig. Der Konzern schreibt auf seiner Internetseite „wir tun das Richtige aus innerer Überzeugung" (Volkswagen AG, 2020). Da es sich hierbei um einen internationalen Betrug handelt, kann dieses Verhalten wohl kaum als richtig eingestuft werden. Somit wurde auch dieser Wert gebrochen.

Wenn es um Mut geht, hat Volkswagen jedoch den Wert erfüllt. Eine Software zu entwicklen, die erkennt, wenn das Auto sich auf einem Prüfstand befindet, braucht definitiv Mut und Innovation. Wie es der Konzern im Internet schreibt „wir lassen los und denken neu" (Volkswagen AG, 2020). Dies wurde an der Stelle wahrscheinlich nur etwas zu wörtlich genommen, da der Konzern fast alle anderen Werte losgelassen hat.

Wenn es um Vielfalt geht, hat das Unternehmen Volkswagen diesen Begriff unberührt gelassen. Da es sich, um einen Skandal handelt, bei Autos manipuliert wurden und keine Menschen wurde hier weder zu einer Verbesserung noch zu einer Verschlechterung beigetragen.

Betrachtet man den Wert Stolz und die damit assoziierten nachhaltigen, qualitativ hochwertigen Produkte, hat Volkswagen mit dem Skandal auch diesen Wert gebrochen. Ein Auto, bei dem Abgaswerte manipuliert wurden, stellt schließlich keine Leistung dar, auf die ein Unternehmen stolz sein kann. Mit Qualität verbindet man einen Betrug auch nicht.

Der Wert des Zusammenhalts blieb bei diesem Skandal unberührt. Mit dem Skandal war weder ersichtlich, ob Volkswagen als Team stark zusammenhält oder von Egoismus lebt. Es kann jedoch vermutet werden, dass ein Konzern, der fast ein Jahrzehnt einen Betrug geheimhalten kann, über einen starken Zusammenhalt verfügen muss.

Mit dem letzten Wert der Zuverlässigkeit hat sich Volkswagen als das Gegenteil entpuppt. Mit diesem Skandal war der Konzern definitiv das Gegenteil eines zuverlässigen Automobilherstellers. Das verhalten war schlichtweg unehrlich und nicht aufrichtig. Es wurden die Versprechen aus den vorangegangenen Werten fast ausnahmslos nicht eingehalten. Das Unternehmen schreibt „wir gewinnen verlorenes Vertrauen zurück" (Volkswagen AG, 2020). Man kann dem Konzern nur raten, dieses Vertrauen in den nächsten Jahren wieder herzustellen.

5.4 Konsequenzen

Als Stakeholder bezeichnet man alle Personen, Gruppe oder Institutionen, die von Aktivitäten eines Unternehmens direkt oder indirekt betroffen sind beziehungsweise irgendein Interesse an dessen Aktivität haben (Fleig, 2016). Bei externen Stakeholdern handelt es sich um Anspruchsgruppen ohne Betriebszugehörigkeit. Interne Stakeholder gehören hingegen zum Betrieb oder sind vom Betrieb angestellt. Im Folgenden werden Auswirkungen auf zwei interne und zwei externe Stakeholder durch den Skandal bei Volkswagen aus dem Jahr 2015 veranschaulicht.

Auf die internen Stakeholder hat der Skandal einen negativen Einfluss. Blickt man auf das operative Ergebnis des Konzerns, sieht man, dass das Unternehmen rote Zahlen schreibt. Es wird ein Verlust von 4,069 Milliarden Euro im Jahr 2015 verzeichnet (Volkswagen AG, 2019, S. 346, zitiert nach Statista 2020). Die Jahre danach wird ein positives Betriebsergebnis verzeichnet und Volkswagen liegt in den schwarzen Zahlen. Bezieht man diese Situation, die aus dem Skandal resultiert, auf die Eigentümer von Volkswagen, spiegelt sich dies negativ auf diese wieder. Eigentümer verfolgen die Interessen, ihr Einkommen zu mehren, den Gewinn zu erhöhen, eine hohe Machtposition zu verfolgen und eigenständig zu handeln. Jene Positionen befanden sich allerdings durch diesen Skandal im Jahre 2015 in Gefahr, wie man an dem negativen Betriebsergebnis aus diesem Jahr erkennen kann. Wenn man als weiterer Stakeholder die Mitarbeiter betrachtet, so sind diese von dem Skandal auch schwer betroffen. Mitarbeiter verfolgen die Interessen eines sicheren Arbeitsplatzes, eines fairen Gehalts und einer Anerkennung für die geleistete Arbeit. Diese Positionen befinden sich jedoch in Gefahr, wenn es dem Unternehmen wirtschaftlich nicht gut geht. Es drohen Entlassungen und schlechte Bezahlung. Des Weiteren wird sich ein Konzern nicht mehr um die Anerkennung der Mitarbeiter kümmern können, wenn das Produzieren von Umsatz und Liquidität im Vordergrund stehen.

Betrachtet man die externen Stakeholder, wird einem auch hier klar, dass dieser Skandal negative Auswirkungen auf sie hat. Aktionäre konnten gefolgt des Skandals einen großen Werteverlust feststellen. Der Kurs befand sich zwischen 20 September und dritten Oktober im Jahr 2015 auf einem Kurstief von 92,360 Euro (Onvista, 2020). Zum Vergleich stand die Aktie zwischen dem achten und 21 März noch bei einem Kurs von 250,050 Euro (Onvista). Da Aktionäre stets um eine Verzinsung ihres Kapitals bemüht sind und sich auch Gedanken um Sicherheit und Verfügbarkeit machen, beeinflusst diese das Geschehen negativ. Unerfahrene Aktionäre werden aus Angst Anteile verkaufen und sich anderweitig orientieren. Fondsmanager wiederum orientieren sich je nach Marktlage anderweitig oder kaufen nach, um den Kost-Average-Effekt zu nutzen. Die Aktie des Konzerns war jedoch in den letzten Jahren hochgradig volatil, weshalb das Nachkaufen mit Vorsicht zu genießen war. Darüber hinaus ist auch das Verhältnis zu den Kunden gestört. Durch den Skandal geht ein Vertrauensverlust einher, was das Kaufverhalten der Kunden maßgeblich beeinflusst. Kunden sind um ein gutes Preis-

Leistungs-Verhältnis und Service bemüht, was der Konzern aufgrund der manipulierten Ware nicht liefern kann.

6 Literaturverzeichnis

Bamberger, I. & Wrona, T. (2012a). Strategische Unternehmensführung. Strategien, Systeme, Prozesse (2. Aufl). München: Vahlen.

Baum, H.-G., Coenenberg, A. G. & Guenther, T. (2007). Strategisches Controlling (4., überarb. Aufl). Stuttgart: Schäffer-Poeschel.

Bild GmbH (2015). *Ingenieure gestehen Installation von Manipulationssoftware*. Zugriff am 20.12.20. Verfügbar unter https://www.bild.de/regional/hannover/ingenieure-gestehen-installation-von-manipulationssoftware-42883658.bild.html

Clausen, A. (2009). Grundwissen Unternehmensethik. Ein Arbeitsbuch (Bd. 3171). Tübingen: UTB.

Corsten, H. & Corsten, M. (2012). Einführung in das strategische Management (Bd. 8487). Konstanz: UVK Universitätsverlag.

Der Spiegel GmbH & Co. KG (2015). *Das VW-Desaster in den USA - die Fakten*. Zugriff am 20.12.20. Verfügbar unter https://www.spiegel.de/auto/aktuell/manipulationsverdacht-gegen-volkswagen-die-fakten-a-1053825.html

Fleig, Dr. J. (2016). *Was sind Stakeholder und was bedeutet der Stakeholder-Ansatz?*. Businesswissen.de [Onlinefachportal]. Zugriff am 22.12.20. Verfügbar unter https://www.business-wissen.de/hb/was-sind-stakeholder-und-was-bedeutet-der-stakeholder-ansatz/

Haake, K. & Seiler, W. (2012). Strategie-Workshop. In fünf Schritten zur erfolgreichen Unternehmensstrategie (2., überarb. und aktual. Aufl). Stuttgart: Schäffer-Poeschel.

Kaplan, R. S., Norton, D. P. & Horváth, P. (2001). Die strategiefokussierte Organisation. Führen mit der balanced scorecard. Stuttgart: Schäffer-Poeschel.

Kreikebaum, H., Gilbert, D. U. & Behnam, M. (2011). Strategisches Management (8., überarb. Aufl.). Stuttgart: Kohlhammer.

Kotter, J. P. (2015). Die Kraft der zwei Systeme. Harvard Business Manager (Spezial), 80-93.

Müller-Stewens, G. & Lechner, C. (2011). Strategisches Management. Wie strategische Initiativen zum Wandel führen (4., überarbeitete Auflage). Stuttgart: Schäffer-Poeschel.

Onvista media GmbH (2020). *Aktie von Volkswagen.* Onvista.de [Finanzportal]. Zugriff am 22.12.20. Verfügbar unter https://www.onvista.de/aktien/chart/Volkswagen-VZ-Aktie-DE0007664039?notation=176173

Raps, A. (2004). Erfolgsfaktoren der Strategieimplementierung. Konzeption und Instrumente (2., aktualisierte Aufl). Wiesbaden: Dt. Univ.-Verl.

Reif, K. (2014). Systemübersicht Common Rail. In K. Reif (Hrsg.). *Dieselmotor-Management im Überblick* (S.92-105). Wiesbaden: Springer.

Reisinger, S., Gattringer, R. & Strehl, F. (2013). Strategisches Management. Grundlagen für Studium und Praxis. München: Pearson.

Venzin, M., Rasner, C. & Mahnke, V. (2010). Der Strategieprozess. Praxishandbuch zur Umsetzung im Unternehmen (2., erw. Aufl). Frankfurt am Main [u.a.]: Campus-Verl.

Volkswagen AG (2020). *Das Wertefundament des Konzerns.* Zugriff am 20.12.20. Verfügbar unter https://www.volkswagenag.com/de/group/volkswagen-group-essentials.html#

Volkswagen. (17. März, 2020). Operatives Ergebnis der Volkswagen AG in den Jahren 2006 bis 2019 (in Millionen Euro) [Graph]. In Statista. Zugriff am 22. Dezember 2020, von https://de.statista.com/statistik/daten/studie/181507/umfrage/operatives-ergebnis-der-volkswagen-ag/

Welge, M. K. & Al-Laham, A. (2012). Strategisches Management. Grundlagen - Prozessimplementierung. [S.l.]: Gabler.

7 Abbildungs- und Tabellenverzeichnis

7.1 Tabellenverzeichnis